The Lyrical CONTORTIONIST

SPOKEN WORD POETRY
by Cherry Natural

First printed in Jamaica, 2018

Publisher
Sashoy White
Marcia Wedderburn
love_bank47@yahoo.com

ISBN 978 976 8277 34 3

Cover and back photo: Dacx Photography
dacxproductionsja@gmail.com

Printed in Jamaica

The Lyrical CONTORTIONIST

Real as DNA
My confidence is so contagious
If yuh disbelief, do a survey
A me give cliché make overs
Mi nuh borrow nothing from nuh body
Mi build mi owna metaphors
Yuh see mi yah, ma similes are
not even simila
to what is popula
Dubbing, dubbing it,
dubbing it hotapela

- Bad Poet

Gratitude

Gratitude is the highest form of spirituality.

I am eternally grateful to every one who gave their support unconditionally. My daughter Sachoy White for her confidence in the project and my son Amari Graham for helping me with the typing and layout. Special thanks to Lois Grant for helping with the editing. Professor Mervyn Morris for also helping with the editing and for giving me some good advice. My dear sista, Elise Kelly for letting the words of the poet live through her radio programme "Spoken Word Wednesday". Doctor Glenda Simms, for her high regards and support for my work. Poet Laureate of Jamaica, Lorna Goodison for her poetic kindness, the Poetry Society of Jamaica and the universe for inspiring the soul of a poet warrior.

CONTENTS

WOMEN EMPOWERMENT

Women will not impact the future,
until they control their body and develop their mind.

MEMOIR OF A PRAYING MANTIS

A use to live by di rules dem set
Whatever dem give mi a accept
Never ask questions, never complain
A bite mi lip and bare di pain
A live between di good and di bad
Did the best I could with the resources I had
I was socialized to believe my worth
was determined by how attractive
a man finds mi
And that mi duty was to make
others happy
Never had a plan, all a had was fantasy
So a follow the script
Love had nothing to do with it
A never care, to tell yuh di truth
sometimes di mind was'nt even there
Just loyal out of fear, loyal out of fear
So a never rock di boat
Even when di wind a cut mi throat
No courage
Is when di boat sink and hit rock bottom
A was forced to change mi condition
Not bitter
Had to acknowledge di pain
so a coulda mek way fi di joy
Now this is the real Mc Koy, the real Mc Koy
Highly evolved with knowledge and insight
Alert, precise, well equipped
Yuh cannot suppress di spirit
of a true warrior
With the Samuari Katana
Bit by bit, a cut away di barrier
A confront di demons a use to hide
Mek piece wid mi darka side
A bury di skeleton wid di hatchet
Right ya now is only clothes
I keep in my closet
You won't see me crying over spilt milk
I'm a mind designer
I use words to make quilt

I will damage di plot if yuh put mi
in yuh story
Threaten di metaphors in yuh poetry
A won't sit still for you to put me
on canvas and place mi in nuh gallery
yuh can't find mi I'm either at the gym
or in di Library
It's my right, my right to challenge
the social construction of this reality
Travelling as a lone soldier
Wid mi own agenda
Nuh family name to maintain
Nuh secrets to protect
Life is like a game of chess
A watching every move dem mek
Every bet dem set
I will forgive but I won't forget
This time mi naa go jump if mi
nuh si nuh net
So call mi Bitch or Witch-eva
yuh please, not offended
This is just one woman in
total control of herself
Liberated, no longer jaded
or want to be validated
So if yuh don't remember who I be
That's ok, my conscience free
And while yuh trying to figure it
Make a note of this
Tomorrow I will be the subject
of your thesis
memoir of a praying Mantis

WOMAN OF MY WORD

I'm unique
Mi nuh compete, competent
a don't need compliments
to boost ma confidence
A woman of my word
Very eloquent
Conversations flowing smooth
like a stream, nuh loose auguments
Standing ovation if I'm the
only one in your audience
Respect fa real
Not a coincidence

I'm not attracted to mama's boy
Naa goh be nobody's parent
My body is my temple
So mi nuh pay rent
Living in the west
but my thoughts
are in the orient

If you good to mi
I will treat you like royalty
Give you my time and my loyalty
Even if love deh pon it sick bed
out fe dead
I will nurse it back to health
Be a soldier have your back
Trained like that
A need you to be my rock
Be there when am in my
rocking chair
No one sided thing
The yang compliments the yin
Me a queen if you a king
Naa go change just
to get a ring

I need someone who is genuine
Treat me like I'm the best thing

If it's not destine
I won't hold my breath
Or be desperate
No fighting, no stalking
no debate
I'd rather be celibate
Send yuh packing
Show yuh di gate
Call up some friends
Bus a bottle a wine and
CELEBRATE!

FIGHT BACK

A don't promote violence
But I personally believe
in self defence
Soh defend yuh self

It's such a beautiful thing
When a queen can communicate
with har king
Without a fret sey she
going get a beating

She want someone to talk to
But all dem duh is argue
and argue…..Check it
Him nuh duh nothing when di man
dem outa a road call him idiot
Yet as she open har mouth
is a box dat, yes a box dat
His anger seems to be very selective
Him beat har again
Eyes swollen, nose broken
tears running down her cheeks
She feels hopeless and weak
Sista, crying won't make it stop
Fight back, fight back
Nuh mek nuh man batta bruise yuh body

Go and learn karate
Give him a dose of him own medicine
Learn how fi block lick
One back fist and two snap kicks
Then finish it with a phoenix

Defend yuhself nuh wait till lata
Defend yuhself nuh wait till lata
A betta yuh talk to di Judge
than di undertaka
A betta yuh talk to di Judge
than di undertaka

Get out while yuh still alive
Leave di abuse
If yuh stay yuh might mek
di news headline
Murder, suicide
Man kill woman, den kill himself
Listen to yuh gut feelings
Deal with di fears
First time a victim
Second time a volunteer
Don't try to justify why, just leave
Love don't make no one bleed
no one bleed
Holding a knife at your throat
Is not foreplay
If you stay, you die a little everyday
And you are saying to your children it's ok
Love self first, it won't get betta
It's gonna get worse

Defend yuhself nuh wait till lata
Defend yuhself nuh wait till lata
A betta yuh talk to di Judge
than di undertaka
A betta yuh talk to di Judge
than di undertaka

Be brave, step into the unknown
You can make it on your own
Leave while you're still alive
Safety comes before pride
Material things can't
take the place of your life

Too late for sorry's
Broken bones won't
mend with apologies
Send the make-up gifts to charity
Those flowers he bought you
Might end up being your wreath
Don't accept defeat
Step out, take back your power
You deserve better

Defend yuhself nuh wait till lata
Defend yuhself nuh wait till lata
A betta yuh talk to di Judge
than di undertaka
A betta yuh talk to di Judge
than di undertaka

CHECK HIM OUT

If a man a look yuh
And a tell yuh how much
him check fe yuh
Check him out
Do yuh own investigation
Chatty mout
Wi chat yuh out

Some woman too quick
Dem nuh look dem just leap
Das why dem get trick
with no treat
And a whole heap
a lick out teeth

Dis is a true story
bout mi neighbour
name Mary
She just a meet di man
Nuh know man from Adams
The very next day him up inna
har bed eena unda pants
Foot cock up, teeth a grin
Like a di lato him just win
Twanging like him have
some foreign influence
While she in di kitchen
busy cooking, giggling
like she nuh got nuh sense
She stop link har friends
Weeks she nuh left har ends
Not even come a di fence
Nobody nuh see har
She lack dung tighter dan
crazy glue
Body under curfew

Some woman too quick
Dem nuh look dem just leap
Das why dem get trick
with no treat
And a whole heap
a lick out teeth

Two months after
di honeymoon ova
Pure disasta
Har life over cast
Anxiety mek har
heart a beat fasta
Him disappear, she
left with the bills
Frustrated, caa see har
sista from up a Red Hills
Rong name, rong address
Phone a ring no answer

"You may leave message
please after the beep"
Food a nuh di problem
but she naa eat
From she teck
di urine test
She restless, caa sleep
The truth just a play inna har
head like a dance a keep
Him was having fun
she was in too deep
Him looking fa something
to hold him tight
She looking fa Mr. Right
Plus, she deh confuse
love with lust
Back to the chorus

Some woman too quick
Dem nuh look dem just leap
Das why dem get trick
with no treat
And a whole heap
a lick out teeth

TALK SISTA TALK

Talk sista talk
just talk
Talk bout what a bada yuh
Talk bout who trouble yuh
Explain where yuh feel di pain
Pour yuh heart out
Break the conspiracy of silence
Stop di internal violence
Talk bout tings yuh
parents never see
Call out all who molest
yuh when yuh a pickney
Even if a di Paster
pon di pulpit

Talk, name the culprit
Let out dem secret
Talk sista talk, just talk

Women need one
whole day of talking
Is nuff tings dem
been suppressing
Earth need healing
let the healing begin
Talk sista talk
Talk bout di teacher
who trouble yuh
di police to
yuh step father
yuh own father
And if yuh mother use
to shield him, talk
Let out di anger
So yuh can be stronger

Talk sista talk
Talk bout yuh brother,
yuh uncle, yuh grandfather
Di next door neighbour,
family friends
Talk, clear yuh conscience
Let di Puss out a di bag
If yuh protect di one who
wrong, yuh guilty to
Stop it before it reach
someone else
Don't be afraid, talk

Talk sista talk
Yuh body is yuh personal property
No one has the right to force
demself on yuh, so talk
It does not matta if friends
and family don't believe
Talk, express how yuh feel

Give it to dem real
Don't tek di blame
or be ashame
You did nothing rong
Talk sista talk, just talk
The weapon of silence is
the abuser's greatest tool
So talk

Youths need direction
How can a big man look on
a child and get an erection
Then have the nerves to be
justifying his action
Him should be sedated and
put into a mental institution
Talk sista talk
Jus talk

Many injustices take place inside the home,
that scared the family and robbed the victims of stability.

A TRIBUTE IN POETRY TO SISTER MARCIA GRIFFITHS

With no apology
The longest and most consistent
woman in the history
of the Jamaican music industry
First lady, her loyal majesty
The undisputed queen of reggae
Royalty is in her D.N.A
Down to earth and natural
Not a DIVA

She travelled the four corners
of the globe
With the king of reggae
Robert Nesta Marley
She is a cultural veteran
Better than
No eena di ray ray
A woman with a vision
Doing good music is her passion
Passionate about her mission
Her spirit, her style, her magic
You just can't resist it
It's electric
Boogi woogi, woogi
She nuh just a come
No other female on this island
has done what she has done

She is a motivator
A symbol of hope for the
down press
A rainbow in the clouds
of lewdness
Talented and optimistic
So blessed
Never had to sing slackness
To be a success
Her music's timeless
Always working, no time to rest
Look at her! she's ageless

She is a living legend
Inspiring a whole generation
of women
To step out a babylon
one by one
Process the pain
Pull their power from the
past into the present
embrace their purpose
with passion
And be the change

She's amazing, so amazing
Gifted and black
Sista certified
Her music testify
to us about life
A round of applause
for this cause
Raise your glass
To a woman of class
Lets have a standing ovation
for this living icon
Because of her
I know, I can
You can
We can

Sista Marcia Griffiths, CD
Woman Extraordinnary

INTELLECTUAL BAD GAL

This is the autobiography of a bad gal
Born on the cups of Aries and Taurus
With ma moon in Aquarius
Rule originnality and passion, loyal
Have the right attitude to match any occasion
A might look simple but I'm not a simpleton
Mi a study Martial Arts from mi
eye deh a mi knee

Get mi black belt degree in 1983
A student of ISU,
(In the Streets University)
Study psychology up di lane
Weh mi sleep a weh mi train
Kingston 2, popularly known
as Mountain View

Mi nuh intimidate people
or premeditate evil
Nuh hafi dis yuh and use bad words
Vocabulary filled with adjectives and adverbs
Annihilate yuh with strategic jujitsu

Mi wi tek yuh outta yuh bed
Use words and lif off yuh head
I'm an addict
books are my drug of choice
So mi well read
When mi a war,
mi war without bloodshed
Nobody dead, no funeral
Intellectual bad gal
Extraordinnary!
All when mi deceased
I will remain in yuh
children's memory

Author of mi own destiny
Only me know what's best fi mi
A don't give a F*!@*! F------ine
Mi nuh mine if unu nuh check fi mi
I'm not trying to win Miss Congeniality
Too busy facing di reality
A live each day like its mi last day
Any weh mi deh and di vibes nuh right,
mi nah stay
If yuh move mi
yuh get mi full attention
Mi nuh duh things half way
Born with what yuh want
a just don't advertise it
A nuh magazine

yuh cannot subscribe it
A my own so mi keep it private

Mi nuh intimidate people
or premeditate evil
Nuh hafi dis yuh and use bad words
Vocabulary filled with
adjectives and adverbs
Annihilate yuh with strategic jujitsu

A lot of men want to take me to the altar
But I wont be saying I do
Or walking down the aisle anytime soon
A soldier is a soldier
So there will be no wedding in Aruba
Kick off the revolution like
Che Guevara dung a Cuba
If yuh feel mi, say hallelujah

The worlds a stage
with professional actors
So a try not to get caught up
with people's behavior
Cause 90% of it is just theatre
Behind the scene might be a traitor,
player hater
Loyalty thicker than blood
Its nuff a di latter mi si mix up inna mud

Naa gi nobody mi back fi watch
Cause people change when dem si cash
The more you strive the more you are prey on
I pray for protection from friends and families
I can take care of the enemies
The olive branch in my left hand
The sword in the right one
I will be no martyr
No lamb to the slaughter
Wise as a serpent
harmless as a Dove
Buddha bless you
the message is Love

THE OTHER WOMAN

You putting down the other woman
but your man is even worse
You putting down the other woman
but your man is even worse
He has no boundaries
Why can't he say no
He is the problem
Why are you cursing her
You don't know what he told her
A cheater is a cheater
If it's not she, it would be
someone else

You putting down the other woman
but your man is even worse
You putting down the other woman
but your man is even worse
You are angry at the wrong person
He is the one who gave you
the commitment
Only he can disrespect you
If he had your back
He would think before he act

We all know
Some women can be devious
and will do anything to get
a man's attention
But nothing can happen
Without a willing participant

You putting down the other woman
but your man is even worse
You putting down the other woman
but your man is even worse
You calling her a walking dead
Well! Your man is the hearse

HER BAGS ARE PACKED

Her bags are packed
Ready to leave
She left a note on the table
Close the door behind her
Put the keys underneath
the flowers pot
Physically she was there
Mentally she left around a year
She is tired of living the lie
of the happy house wife
The only thing on her mind
Is to be free, free from her
self appointed prison
If she had wings she would fly,
fly far away

She gave her heart
Made a lot of sacrifice
All she had to show
are swollen eyes
From too much crying
while lying in the
empty bed at nights
Everything she wanted
was paid for
What she need has no price
Salutations of love
Someone in the bed beside
her to roll over and hug
The tear soaked pillows
in the mornings
leave evidence of the
emptiness in her chest

He thought he was doing
what a man was suppose to do
Fill the empty spaces with
what money can buy
He couldn't understand
her unhappiness
He told her someone else

would love to take her place
He didn't know with all the
present she gave her
There was a void she felt insidi
only his presence could fill

When they met the intensity
was mutual
She told herself
he was the one
Her dad told her it takes
more than harmones
to keep love alive
Take time to know him
She refused his advice
At the time the desires
was too strong for
her to compromise
As she waited for the taxi
The tears welled up in her eyes
She heard her dad's voice
echoing in her head
challenging the lies she told herself

The truth will set you free, regardless of what it is.

WILL YOU BE THERE

(From a older woman to her younger lover)

**It's easy to love when things
are going well
Can that love survive the test of time?
Let's say I lost the house and the car
and end up on the side walk
with just a few bags, homeless
Will you be there for me?
If you found out I have a terminnal illness
Will you still care for me?
Would you be strong enough to see
the flesh wrinkled, teeth falling out
and still want to hold me tight
tenderly
When my knees are weak
and my back is bent and I can't
hear that clearly
Will you still answer my call
even though I might not remember
your name or have a clue who
I'm talking to
Because I might be getting senile
If tomorrow doesn't offer me much
Death threatens and pain seeks
the spot light
Would you still want to
share your time?
Will love compassion remain in
your heart
Will I still be close in thoughts
Will you sit by my bed side
when there is nothing to give
not even my presence
Will you have the patience
Or will you have only excuses
and promises**

SISTER FRIEND

Sister friend
Hold your head high
Walk out of that room of complancy
Close the door behind you
Keep moving, don't look back
Leave all the unfulfilled desires and come
Your most priceless possession is you
Make time, take time
Enter the privacy of your own mind
Have a conversation with self
Keep reminding her how
beautiful she is
Smile in the face of adversity
Face your demonds with diffiance
Leave the media image
perceived beauty behind
Bless this moment
You are only who you need
You are unique
For centuries women have been
Defined by other people's opinion
Sista step out of those
prison clothes of ignorance
Break free from the chain
of dogma's and competition
Come with your naked self
Leave the hostility
Take your dreams with you
Say good by to yesterday
Tomorrow is an illusion
You are only gifted with today
You are only gifted with today

STRONGER

No ring can justify
What I felt inside
I need love that's
stronger than pride
hold me closer
than the rock
on my finger
Something deeper
To take me higher
More potent than
rubies and diamonds
mixed with sapphire
I want to feel passion
that burns like wild fire
Passion that transend
Superficial desires
Passion that's not for hire

Morality is governed by each person's concience,

not by force or fear.

I'M WOMAN

If I advocate for my rights as a woman
I'm not betraying my man
I have needs to be free, I need to be me
I have a brain that's ticking, ticking, ticking
Sending messages of consciousness
to be manifested for my generation's,
generation to emulate
Yes! I'm woman

I don't have to be weak and
fragile to be desirable
Why treat me with contempt and
hostility because I think for myself
I'm not your enemy
I speak from my own mind
make my own decisions
and I'm willing to learn
from my mistakes

I have the power within me
to be what I want to be
I don't have to be your clone to prove
to the world I'm in love with you
No! I don't
I don't have to be your doormat
I don't have to be your slave
I don't have to be weak
for you to be strong

Life cannot be created
without me my brother
You are only holding back
yourself by standing in my way
When the feeling is not right
I will be gone, gone
And you know what!
I will be taking me with me
Because I'm woman!!
I belong

YUH NEED HEALING

Yes mi sister, mi sister, yuh need healing
A know di feeling
Afta twenty years di man is leaving
All di children get big, gone pon dem own
Now yuh left alone
Yuh give yuh self, yuh whole self
Asking fa nothing in return
Yuh nurture, yuh care, yuh share, always there
Now him just get up hot an tell yuh a it dat
Don't tek it too hard, try nuh lose yuh sanity

Yes mi sister, mi sister, yuh need healing
A know di feeling
Afta twenty years di man is leaving
It's natural to feel down
And yuh self esteem going get crush
But listen, dis is another sister reaching out to yuh
Call up friends yuh can trust to talk to
Don't isolate yuh self and think yuh problems unique
A lot of women going through the same phase
Pick up the bits and pieces of yuh heart
mek a next start, it hot but hush

Wi all at times get touched by
di cold hands of insecurity
But mi sister, as yuh go along, yuh gonna get strong
Yuh will learn wid di healing, just release di feeling
Smile to yuh self, dis might be a blessing
Start mek plans, change up yuh surroundings
Get a massage, a pedicure and a manicure
Stop by di bookstore
pick up something inspirational
Take yuh self to lunch, buy yuh self some flowers
Sister, Celebrate
Only you know yuh needs, so treat yuh self special
Don't be afraid to fall in love again
Fall in love wid yuh self
Dis time yuh won't get hurt, yuh won't get hurt

DECEPTION

It's an illusion that seeps
into your soul
A religious obsession
you can't control
A natural compulsion
deeper than desire
Temperature rising
It needs more than water
to put out this fire
A lot of hearts will be
broken tonight
Lust disguise as love
Seeking fresh blood
The moon and the stars will
bear witness to this sickness
A lot of hearts will be
bleeding tonight
Flesh will yield to lying tongue
Tongue will find comfort
in lying flesh
Two hearts will be beating
Hearts will be sleeping tonight
Tonight another poet will write
another poem
Tonight another poem will cast
its spell
And you will believe what they
told you is true
That those words were meant
for you
As the denial creeps into
your soul
Like a good piece of fiction
You cling to the illusion
Trying to right all the wrongs
you were told
Another heart will be broken
tonight
The drug of deception
won't last that long

To satisfy the addiction you
are gonna need another high
another high to feed those lies
Hungry for something but
all you will find is an
empty paradise
Hearts will be beating
hearts will be bleeding
hearts will be weeping
A lot of hearts will be
broken tonight

As long as you are alive,
happiness does not have an expiry date or an age of consent.

People wear religion like a costume,
something they take off and put on
at their own convenience.

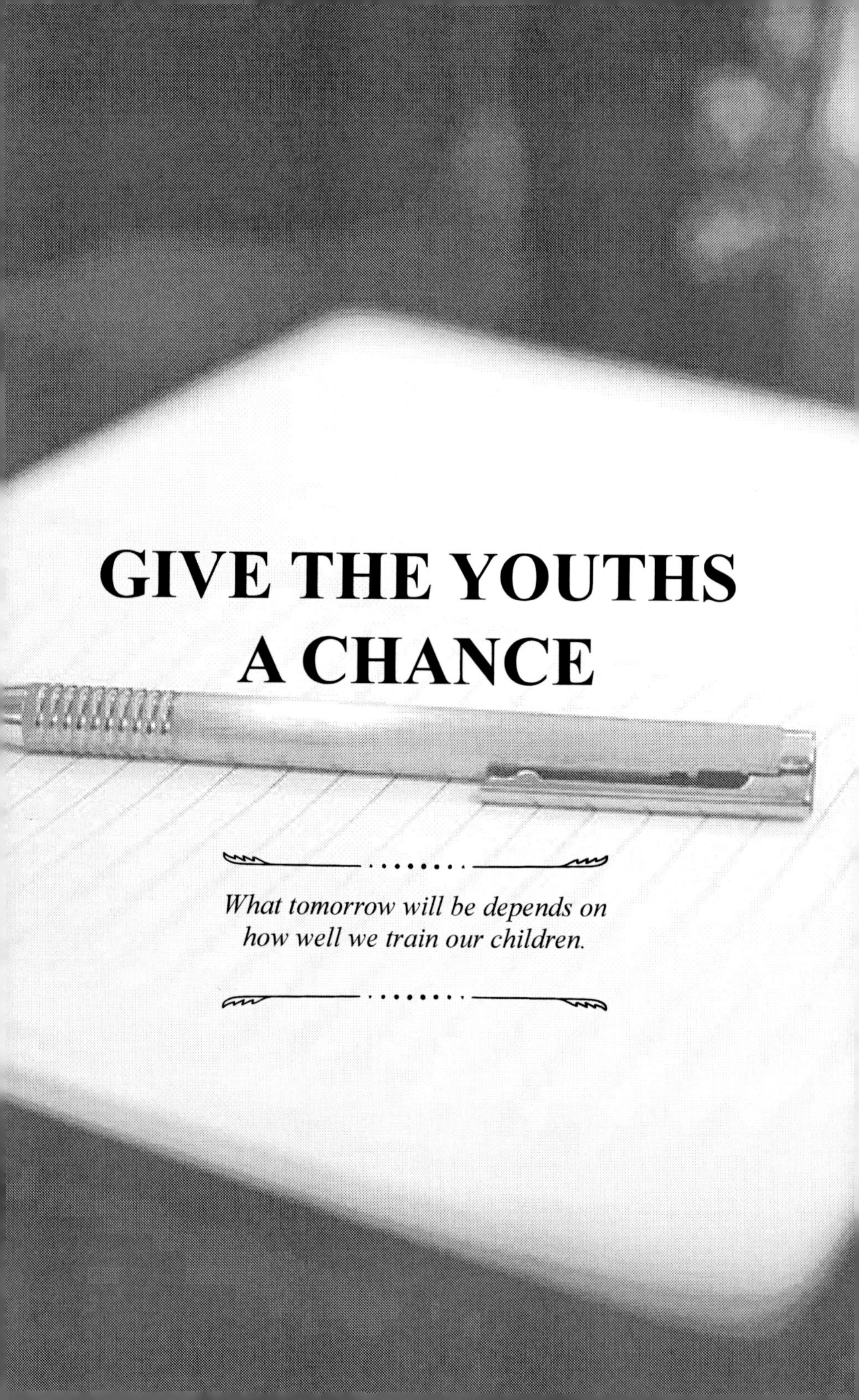

GIVE THE YOUTHS A CHANCE

What tomorrow will be depends on how well we train our children.

TEACHA STILL A TEACH

**All when teacha naa get enough pay
Teacha still a teach, a teach, a teach
Even if dem caa find the bus fare
School dem still a reach,
a reach, a reach**

**A true yuh nuh know
Is nuff times Teacha walk it
Not because dem nuh talk it
All when the system gi dem
wata fe carry inna basket
Teacha still a teach,
a teach, a teach
Dem naa quit**

**Teacha job hard
Every hard working
Teacha deserves an award
Big dem up, give dem di respect
Is nuff risk dem teck
All when Teacha stress
Dem still a duh dem best
Believe mi, sometimes
Teacha nuh get nuh rest
But dem still a teach
a teach, a teach
Dem naa quit**

**Some parents expectations unrealistic
Dem send dem children to school
Bags full of books
Hair well groomed,
uniform neat, shoes clean
But dem nuh have nuh manners!
not a drop a discipline!
Yuh could a talk till yuh blue
dem pickney yah not listening
Yet dem parents want the best
So a pon Teacha dem put di stress
Dem nuh real, want Teacha fe wuck miracle
While fe dem yard is like a battle field**

Another thing, parents if
unu want unu children to
reach far and have a bright future
Don't come a school
come war wid Teacha
This generation
deserves better
Don't come a school
come cuss aff Teacha
Out of orda
If you have a problem
come and talk
to di Teacha
gentle words
won't break bones
Set some example
you are not a child
You are grown

All when dem dis teacha
Teacha still a teach, a teach, a teach
Even if dem caa find di bus fare
School dem still a reach,
a reach, a reach

MOMMY AND DADDY

Mommy and Daddy
Unu a di boss
Top class
Wi first role model
Respect up deh, up deh
Well official
A unu a di general
A unu a wi general
Parents!
Certain things you should
not say or do in front of us
Children should not hear
when big people a cuss
If you want our trust
Set the examples first for us

Don't treat us like little adults
Stop trying to be our friends
Children are children
Give us the opportunity to
develop our mind
Use discipline to keep us in line
More book work, less play time
Bedtime a bed time
Pickney nuh fe grow too prime

Mommy and Daddy
Unu a di boss
Top class
Wi first role model
Respect up deh, up deh
Well official
A unu a di general
A unu a wi general

Life is a privilege
To raise a child it takes
a village
Parents don't take your
role lightly
As children we need strong
adults to guide wi
Live your own dreams
don't force them on us
We came here with
our own purpose
If you do your job right
We will make you proud of us

Mommy and Daddy
Unu a di boss
Top class
Wi first role model
Respect up deh, up deh
Well official
A unu a di general
A unu a we general

Courage makes the truth live longer;
discipline makes the child grow stronger.

TEENRAGERS

Young and handsome
So him con some
Him come, she leave
Baby come, no income
Sista don't act dumb
Think before yuh lie dung
Or yuh goin have to
face the naked truth
when the lie dun
Brother a child
won't make you a
man, yuh still young
Sex is not just
about having fun
It will mash yuh dung
It's cheaper and safa
to use a con-dum

WHERE IS THE HOPE

Some childrens' life are filled
with Disney world, video games
and chauffeurs
Others are living in bomb shelters
working in sweat shops, sex slaves
Some on the battlefield fighting
for survival, child soldiers
While the leaders focus
on the next election
We losing the next generation
Unborn babies addicted

Damaged mothers popping
prescription pills
Seduced by fear
Living a paternal nightmare
Children traumatized
No love, only unconditional lies

Where is the hope for the people with no means
Who is gonna water the roots of their dreams
Where is the hope for the people with no means
Who is gonna water the roots of their dreams

A young girl exposed to the world
Been stripping for a living since
she was only thirteen
Beneath the tuffness she is hurting
Nowhere to sleep, nowhere to dream
Low self esteem
Pushing needles up her arm
She wears her pain like a lucky charm
In and out of rehab
Searching for the love she never had
Juvenile stress, overrated sex
Men having no affection for the ladies
Going to bed with babies

Where is the hope for the people with no means
Who is gonna water the roots of their dreams
Where is the hope for the people with no means
Who is gonna water the roots of their dreams

HOME IS WHERE THE HURT IS

When he came
His mother was alone
From a child he had
to be the man in the home
Force to grow up too early
Only nine
Serving time behind the
prison bars of his mind
Underneath the hard stare
Lies a heart of fear
The child inside is so scared
Growing into a man
forgetting how to smile
Compassion left a long while
searching for his purpose
behind the barrel of a gun
The boy who he never was
is not the man he has become
Feelings out of touch
Don't know who to trust
WILD!!!
How can flowers grow into a
garden filled with weeds
How will he know what's
between the lines
If he never learned how to read
Home is where the hurt is
His heart has been torn into
many little pieces
There is so much pain in his life
As a child he cried so much
Now as a man there is no more
tears left in his eyes

WE LOSING IT

**The government's duty
Is to put in place
proper policies
It's the parents duty to
grow dem pickney properly
Mistakes cannot be corrected
with prayers and apologies
We losing it!
Too much slackness
eena parliament
Too much slackness
in the music
We losing it
Life is a gift
We abusing it
Knowledge is power
but we ain't using it
Nuh one nuh connect
to nuh cause again
Youths gone astray
because a dem
Youths gone a stray
because a fren
Little boys a fire gun
Little girls a breed
Youths leaving school can't read
Question!
If the children are the future
Then tell me, tomorrow,
who a go lead?**

*Don't give insecure people your secrets to keep,
they will exchange them for attention.*

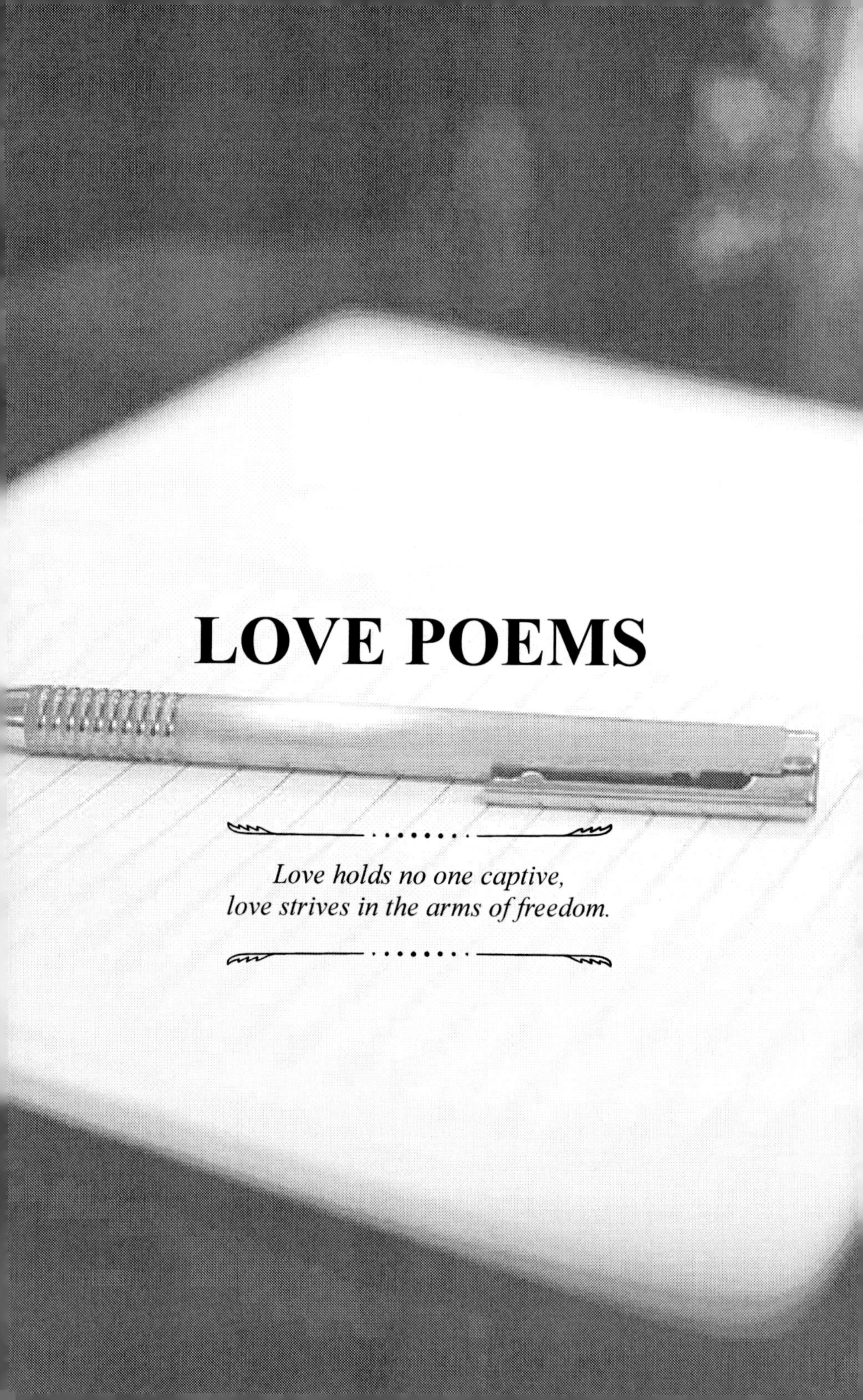

LOVE POEMS

Love holds no one captive,
love strives in the arms of freedom.

COMPATABLE

**When I'm looking
A check the presentation
and the package
Mi nuh waa nothing damage
No savage, unnecessary baggage
Under age, narrow minded
full a rage
Insecure, looking for a slave
Mi nuh waa nuh one who live
eena cave
Nuh mystic nor nuh sage
I'm not an exhibitionist
My life is not the stage
I will read di story
Naa go judge di book by
di cover nor di page**

**Mi nuh attracted to man
weh walk with one bag a crew
Today him play number one
Tomorrow him wi play number two
I'm looking for the strong
and sensitive type
Nuh hype
It dont have to be mista right
A need a man with good ways
Not just one with the right
piece a wood fe mek
di fire blaze**

**A man who can free style
Tap into his deep side
Read wide
Explore ma mind
like a tour guide
Nuh false pride
feelings naa hide
Cry if him waa cry
Let the tears fall
like a land slide**

There is Kleenix on
the night stand
by ma bed side...
on di left side

THINKING

Have you been
thinking about me
Or do I drift like
a broken Twig
hopelessly
down the river
of forgetfulness
Out of your memory

TONIGHT

Tonight I want no words
Too much slips out
within a heart beat
The world gets crazy
when we speak
Hold me
Let your hands
perform poetry
I don't need to
hear I love you
that doesn't
mean a thing
Just hold me
Tonight, let your
hands do the talking

A LOVE POEM

I've been watching
you all evening
Admiring the way
you move with
such confidence
Your aura is so bright
Come home with me

Only the poets pen,
the artist's brush
and a gentle touch
can immortalize
this chemistry
Come home with me

I have this desire
deep down inside
To show you, yes!
I want to show you
what's on my wall
and what's in my bookshelf
Come home with me

It would be nice to light
candles and incense for two
We could listen to some
Marvin Gaye, India Irie
or some poetry
I would even share
my favourite Bob Marley
Come home with me

A woman who knows her power
and is intune with her intuition
Knows when its safe
Come home with me
If you want someone
to talk to, I will listen
If tomorrow you want
to be somewhere else

I will give you my blessing
Just for tonight
come home with me

I won't forget you
I'm a collector
of memories
I add them to the
collage in my mind
Don't ask questions
that has no answers
I have no control over tomorrow
Just for tonight, come with me

I REMEMBER

I remember river dates, long
conversation, oat meal soap
hemp oil and cocoa butter lotion
I remember clay pots
stir fry vegetables, siting on the floor
reciting Langston Hughes poems
Oh how he use to love when
"Susanna Jones wears red"
Those moments keep replaying
in my head

I remember the tenderness in
your voice
The soulfulness of your touch
how the body oil you wear lingers
long after you left
Keeping the memory of our
last encounter fresh
When you held my stare
the passion In your eyes
could cause a heart of ice
to rise to foreign heights
Love songs remind me of you

I felt safe with you
My gaurds came
down with your smile
In your presence there was no
place for pretension
I felt free and spoiled
I crave your love the day it start
It was just crazy love from the heart

I remember every laughter
every tear
How we would love
in spite of the fears
We use to quarrel in the day time
and make peace as the night falls
The need to be touched out weighed
our pride

You held me up when I was down
Loneliness never came around
You gave me a bible when I
needed consolation
And cards for no special occasion
The gentleness of your care
The promise of your loyalty
Still filled my days with pleasant memories
and soothes me in times of loneliness
I miss you. I apologise
I should have acknowledge how I felt
when I had the choice
I will always remember you

Love don't stop,
when someone leaves.

LEVI JEANS

I've been watching you from
across the room
The way you move in those
Levi jeans
Is like a work of art
The bounce of your step
Is so hypnotic
Mi nuh asthmatic but mi find
mi self a blow short
If mi never smart
And know the proper adjectives
mi da cuss two claat
And don't give a dyam what
the neighbor's thought

Long story short
Listen to dis part
Yuh grip mi spell bound
like one Michael Jackson's
performance
The way yuh mek mi feel
mi da tek di chance
and give you some loving
In advance man
If yuh catch mi staring
That body oil yuh wearing
Is so endearing
It and yuh physique
Is making me weak
Provoking my
feminine mystique

Bwoy yuh looking good
Yuh must be a twin
Cause one person could'nt
be so dyam good looking
Big up yuh father genes
and yuh mada cooking
Can I have your number
This lonely souldier
would like to invite you over

So we can get closer
Art is my passion
Let's create poetic
magic on the sofa
You be the pen
I will be the paper
This poem don't
need a lot of words
Take out the ajectives
and leave the verbs
I'm not that hard to please
Sometimes all a need
Is a cup of herbal tea,
a foot massage
and a firm shoulder
Baby fulfil my needs
when you coming over
Please! don't forget to
wear those
Levi jeans.

WAITING

Sitting by the window
holding a vigil
Waiting for the phone to ring
Waiting to hear the words
How are you doing?
What are you wearing?
I'm coming over
Waiting for the sounds
of foot steps urgently
climbing the stairs
Waiting for the bell to ring
The door to open
The silhouette, the breathing
Waiting for the voice to say hello
The smiles, the hugs
Waiting . . .
Anticipation holding me captive
Eyes moist with tears
Waiting for my release

All experiences come packaged with their own wisdom.

A WARRIOR'S LOVE POEM

**Tired fe deh pon di battle
field a fight
Mi a go tek off di army fatigue
Put aan some lingerie
Rest dung di ammunition little
right yah so
Put di revolution pon pause
Cause! I'm in the mood fa some
good loving tonight
Yes I'm in the mood fa some
good loving tonight**

**Honey I want to dive to the
depths of your inner ocean
And soar like an eagle to the
heights of your passion
Like landscape and water falls
Colours and textures
The Alchemis in you
change everything
to a golden hue
Your personality have mi
That disarming smile
and those bedroom eyes
Makes the Kundalini in me
rise to the 7th Chakra
A love you baby, you got soul
You make me want to be gentle
In a world so cold
When am with you I feel high
I love your mind and the
body you occupy**

What time, your place or mine
Light the candles
Let the incense burn
Freshly cut Jasmine
Roots wine on the ice chilling
Turn the music down real low
To match the flow
Marley, a wanna love you
and treat you right
Coming through the stereo
Egyptian musk mixed
with virgin olive oil
Afrodesic
eager fingers running along
your spine like magic
So erotic
Can I massage your body
Do I need a permit to
enter your valley
A like it when we
worship like this
Those moves you doing
The timing, the rhythm
Makes a woman
want to talk dirty
If I forget your name
and say oh God!
Please don't blame me
Please don't blame me

I'm at the edge
The earth Is slipping
This is crazy
A need a prayer to save me
Open the cave
let's solve the mystery
So we can have closure
For all the women who died
a virgin of the soul
With you I'd like to go to heaven
Don't leave me am COMING
Yes am COMING
Every warrior needs loving,
loving

STOP THE GOING AND COME

I see women going, going, going
and growing, growing bitter
Angry with themselves
Angry with each other
Wasting time they don't have
Stressing over men
who don't care about them
If dem drop dung dead
before di body cold
Him up inna a next woman…
hole aan… hmm
Bed a keep har warm
A real ting
These days people's feelings are fleeting
It nuh matter how deep in love
yuh think yuh in
A yuh alone a go inna yuh coffin
So while yuh living
give yuh self some loving
Stop di complaining, complaining
and come

Rest dung di market basket
Put di dutty clothes dem one side
How much time yuh a go tidy up di
one little house
Put dung di dust cloth
Sista gwaan go tek a bath
Put aan some lingerie
Rope een yuh king, tell him
Yuh nuh eena di joking ting
Him fe stop from hang out
with him bredrins
Nature is calling
Yuh need fe release
some oxycitocin
Time too short
Before God come
Yuh need fe come

She sey she tired fe wake up
every morning frustrated
Mouth long like any sow
While fe him teeth a kin
Cause a him alone come
Den a ask, baby yuh aright
yuh did enjoy yuh self last night
Di way she bex she kiss
har teeth and nuh answa
Den him a wonda weh mek
she so miserable
Boss man let mi break it down fa yuh
Your behaviour would
make an angel turn into a devil
Woman fe come … fatable

When it comes to love making
Yuh can't be too complacent
Pay attention to details
and be patient
She is not a machine
Weh yuh plug een
Sometimes yuh can change
up di scene from de
preditable routine
Get a baby sitta
Take her out to dinner
Spend some quality time together
Nothing break di ice like
a little sense of humour
Woman complicated, compliment
har mek she come
Bredrins a hope unu nuh thin skin
and unu listening
If she come first everybody win
Yuh can thank mi when yuh done
Betta yet, thank mi when she come

Nex chapter
Sistah unu need fi change up
unu behavour

Nothing nuh rong if sometimes
you be di initiatar
Stop lie dung inna di bed
like yuh dead
waiting on di undataka
Feel free fe ask fe weh yuh want
He is not a mind reada
Another thing
A man is very visual
How yuh expect him fe get turn on
If when yuh inna di house yuh dress
like a servant
Di piece a hat and di bad cola frack
weh a swing pon yuh like a flag
Sistah go and buy yourself some bikinis
When he is coming ova
put away those bingo bags
Tek responsibility fe yuh owna pleasure
Keep yuh mind and yuh body fit
Yuh no half ready yet fe retire
Passion is not only for di young
Stop faking it and come

A liberated woman is not afraid
to express her needs
to those she love and trust

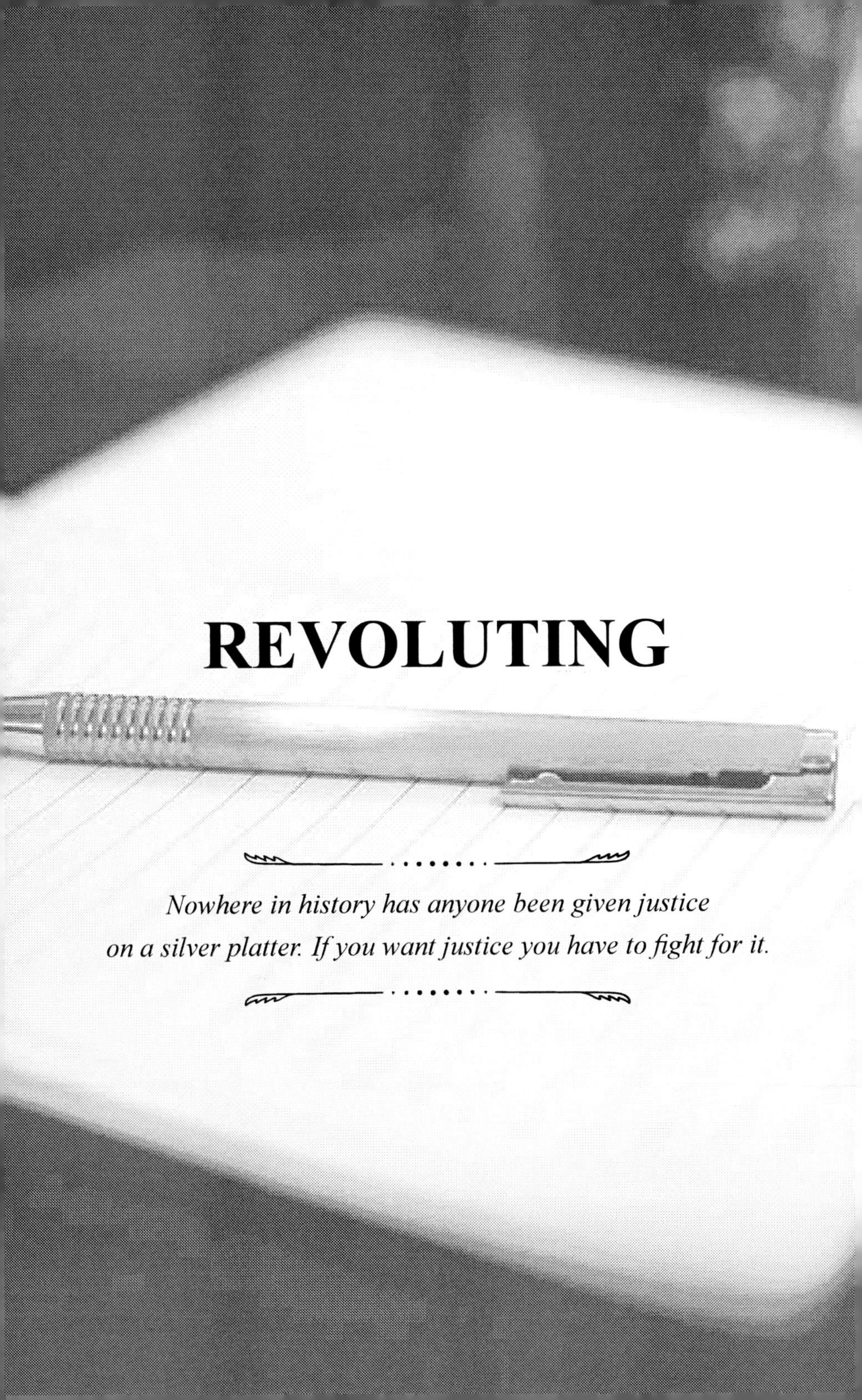

REVOLUTING

Nowhere in history has anyone been given justice on a silver platter. If you want justice you have to fight for it.

WORD SOLDIERS (Part 1)

**A sit down inna mi little cottage
round di table
A look through di window
pon di mountains
how it tall and green
Den mi thoughts drift
and Mbala flash cross mi mind
A wanda if him fine
Mi remember Tehuti, clean soul
Nabbie, so different from the rest
Always around especially if yuh down
A long time mi nuh see Durmi,
Malachi and Jabez
But mi know di poetic fia still a blaze
Tommy Ricketts and di
Poetry society a create magic
Queen Majeeda mi bonified
poetic sista dat Iyah
Muta, Oku, Linton and Jean
kinda busy pon di international scene
Yasus stay far I
but him still a add fi him
portion to di revolution
Bill is a blast, fi him lyrics dem bite
an di beat just tight
Big, big respect to Little Natural
as a youth she lyrically cute
Joan Andrea Hutchinson
dat bumpy head Gal
Stand up tall
A long time mi nuh see Ras Haughton
A wanda if him find out
"A who a di owna fe di oil"
Ama gwaan tek it easy
Di whole a wi soon start mek
some money
Mis Lou, mama, yuh a foundation
Fi yuh name caa stop mention
Poets did in a unity
but it look like when yuh come aan**

too strong, yuh don't last long
Di fus time mi tek een Shaka Bantuta
From dat day mi caa get
di breda out a mi head
Lillian, Michael and Audrey
A lead di Toronto dub poetry posse
Mikey gone, but is nuff times
I hear him a chant, a chant, a chant
Poets have a way fi unite
Tru word, sound, and power
Soldiers pon di battlefield
fighting fi social justice
Everytime yuh hear a baby bawl
Is anada poet dat Iyah
Listen, jus listen, if yuh nuh hear
di breeze a blow poetry tru di trees
Revolution a tek place pon goat skin
guitar string and inna bamboo flute
When di full moon ripe
Madness a go tek ova nuff souls
Words a go fly like gun shots
Dem betta set up hospitals fi cure conscience
Cause poets out deh like trouble
Ras Rod, Ras Habakuk, Ras Malekot,
Ras Betune, Ras Ja Ja, Imali, Bowani
DYCR, Isa Char, Sista Conscious
Jaga, Osakwe, Nubian
Sheena Johnson, Johnny Oboe
Ade One Deh, Concrete asphalt
Poets, poet, poets
Poets weh gwaan
Poets weh nuh born
And if poets don't hear
dem name call
nuh feel nuh way
Cause poets deh yah fe stay
Listen, just listen

WORD SOLDIERS (part 2)

**Up a Edna Manley one Tuesday night
a tek een di vibes
What mi see, a couldn't believe mi eyes
Words bumflick afa page pon stage
An a duh all kina wordnastic
It look like a come dem come fe tek it
So I jus screechy up and go jucks
beside Calvin kettie drum fi watch it
Iyah, I see when some bad poets
use few rhymes and bus stereotype in two
Dem drape up grammar, tek some unfamiliar
slangs and beat him till him black and blue
Dem sey fi dem pen nuh beg friend or pretend
A di undiluted truth dem prefer
fi put pon plain paper
Originnal and sincere
Naa echo Shakespeare**

**When Sage touch di stage
Mentals get lick up wid him poetic rage
Abebe Payne, don't forget dat name
Potently unapologetic
Him wi cut yuh dung to size with
some Samuari lyricks
Mel a di cook, bobyland cannot trick him
A him control di lyrical kitchen
Takura, Ginsu, Neto
Demistifying the lies
Right in front your eyes
Trust mi, di revolution will not
be televise, will not be televise**

**Poets weapon is dem tongue
Constantly beating a rhythm of
hope on di masses ears drum
If yuh hear Pukapoo, Pukapoo
a nomadz dat a come
Dem we Pukapoo, Pukapoo and
before yuh know it put a spell
pon yuh**

Words don't die, it remains
passionate even after death
Rip to Sajoya, Lynch and Ganga
Jah knows best, the work lives aan
although unu not here in the flesh

Shopkeeper, shopkeeper
A pound a flour, a stick a butter
and a dutty gal
Yuh tink a me, a Dingo dat
Yuh see di one Blacka
him a nuh jus Comedian
The way him talented
yuh tink a three man
Kshima, Yashika,
Jahwara, Richie Innocent
Have di conviction
to match di content
Naa just a write fe PR
or because of di applause
Real DC, dedicated to di cause
Voices sycronizing,
revoluting, deluding
the keepers of the
system with words
No protocol observes

Stop act like unu deaf
Stop act like unu deaf
Listen to Steppa, listen to Steppa
Fe him gun nuh kill people
Fe him gun is him mind
The bullet is the message
It motivates, it nuh damage
A him seh knowledge
Every ghetto fi have a college
Imara, a mi breda dat
Although a long time wi nuh I contact
Heart still clean, me know dat
Nuh ha fi ask nuh question
Wait deh, wait deh, gi mi a second

fe catch mi breath
Big, big, respect to Sista Elise Kelly
On di battle field, she a di general
Inna di word sound is power army
A she spread di message like
a tsunami, unapologetically,
unapologetically

A weh history man deh!!
long time mi nuh si him
Warrior, any weh yuh deh
gwaan blaze di lyrical fire!
A di ada day mi sight Boom Dawn
Word soldier don't give up
hold di faith
Su-uuh soon gwaan

Poets wi nuh shorta
Poets more than wata
Versel, Duwayne Francis, Damali Adele,
Charlie Bubus, Kokumo, Aziko Simba,
African Pride, meeka, Akinsenya
Charmain Ital, Maja Bless
Italee, Princes Love, Rochel Jones,
Patrick Davis, Margret Groves
Dexta Malawi
Who nuh hear dem name call
check part three, part three

I'M WALKING OUT OF YOUR JAIL TONIGHT

Take a good look at me
Make a mental picture
Capture all the details
Put them on your computer
I'm walking out of your Jail tonight
Yes! I'm walking out of your
Jail tonight

I'm gonna break those bars
and set myself free

Hire all the security you can
Give them your weapons of distruction
That won't stop me
I'm walking out of your Jail tonight
Yes! I'm walking out of your
Jail tonight

You've had your time
And that's enough
I'm giving you back your
colonial attitudes
I'm giving you back your
man made rules
Take your laws out of my life
Your standards are not mine
If its the last thing I be
I'm gonna be me
This spirit of mine must
be free
I'm walking out of your Jail tonight
Yes! I'm walking out of your
Jail tonight

I'm gonna leave the things you
used to controlled my mind
behind
You feed me with your greed
your hate, your guns, your drugs
and your jealousy
Making me into the people's
enemy
I say no more, I will take no more
I'm walking out of your Jail tonight
Yes! I'm walking out of your Jail tonight

No amount of money can stop me
True wealth goes beyond possession
Call me insane
This time I won't complain
Madness has a way of freeing
the soul

One more black woman is gonna
be free
I'm walking out of your Jail tonight
Yes! I'm walking out of your jail tonight,
tonight!

CONSCIENCE

Hey! Hey! Hey! Hey
Your conscience nuh bada yuh
When night come how yuh sleep
Yuh heart nuh skip a beat when yuh a eat
Fi know sey di bread weh
yuh box out a yuh bredda mouth
an mek di dawg nyam it
Till him vamit
Was suppose to school
di little youth, weh tun man
An a tek life like is him ambition
Yuh nuh see yuh a play Russian
Roulette wid yuh soul
Man yuh bold
A God yuh deh mock
Every day yuh add a next dalla
to yuh bank account
Weh yuh a plan fi buy
A piece a di sky
If a yuh fi have a little sympathy
di world would a end an start again
But nuh mine yaa mi friend
Silent riba run deep
An Jah naa sleep

MAN SHOW

We standing on the shoulders
of those who came before us
So please help me with this chorus
To take patriarchy down
All a need is just
one poem, one mike, one sound
one poem, one mike, one sound

**Words a slide afa mi tongue
Gi mi a drum beat, with di
right key
mek mi lock it dung, lock it dung
Any weh yuh see bad mind
yuh fe mash it dung, mash it dung
A pay mi dues, get no change
Art representing from the heart
Fresh off di press
Female edition
Talk about loyalty
I am the definition
Pent up frustration
My weapon is ma pen
Pendulum swinging
Feminine energy rising
like lightning, yeah
Misogynis fe gweh
A dat me sey, yeah**

**Dem a sabatage di revolution
Ask mi how mi know
Female intuition
Trees a plant, seeds a sow
Mental starvation
Nothing naa grow
Balance nature mek
di energy flow
Balance nature mek
di energy flow
Jah know, tired a di one
bag a man show
Jah know, tired a di one
bag a man show**

**It nuh look nor feel right
Some man agenda
is a genda problem
Dem a gi woman a big fight
Homophobic, yet it seems like
dem in love with Mike**

**Ain't saying much, just love
di spot light, BRIGHT
Dem need fe tek a break
and guh write
Right ya now who di tam fit
can gwaan wear it, hypocrite!
Jah know, tired a di
one bag a man show
Jah know, tired a di
one bag a man show**

**Dis a di truth
Single mada, livin in di
garrison wid two youths
When di pressure get hot
Nuff times mi consider fe touch
road wid a base ball bat
But a see di future in mi
youths eyes
So a think twice
Coming from far
life treat mi hard
Had to tek a mini bus
wid mi fus award**

**Face a lot of stumbling blocks
Forks in di road, knifes in
the back
Mi get di promises and
di praise
Dial tone in mi ears
Nuff doors slam inna mi face
Yet di message neva change
A use di pain and change di game
Words fresh out of rehab
Lyrically insane
While dem a plagiarise
other people's lines
I am di blue print, ordain
Well trained
So Jah know, tired a di**

one bag a man show
Jah know, tired a di
one bag a man show

Criticisms don't phase me
At nights when mi head
touch di pillow
A don't have to count sheep
A sleep like a baby
All the plots and di schemes
A pick dem up in mi dreams
Keep ma fans close
Roses and condolences
for di enemy
Buried life, dead energy
All the hate they send, a turn
them into opportunity
Thanks for motivating me,
motivating me
You deserve a plaque
with a press release
Wishing you all the best
Rest in peace

IS LONG TIME POETS A WRITE

Poets write eena hand middle
Poets write pon leaf
Poets write eena dem head
Is long time Poets a write, a write, a write

Unu fi know unu history
Poets a write before Kartel come out a nappy
Before Beenie, before Bounty
Poets a write from Ele was a little boy
a suck him finger
And Movado still a wear dribbler
Dem time deh, Baby Cham neva get di ting dem
Him madda still a carry him go a Children's
Poets a write before pen and paper,
before Computer

Pressure drop done by Oku Onuora
Di fuss history lesson some a wi get
was listening to Muta
A wa duh dem yute yah
Alright listen to dah truth yah
Poets nuh goh pon stage goh trace
Nuh time to waste
Dem use conscious lyrics and
dun di place, dun di place
Yow Steppa run di place

Poets write eena hand middle
Poets write pon leaf
Poets write eena dem head
Is long time Poets a write, a write, a write

Poets a write from when di slogan of di day was
"Say it loud, I'm black and I'm proud"
A sey "say it loud, I'm black and I'm proud"
With wi thick lips and wi broad nose
When bleach was a ting, yuh only put pon clothes
Is long time Poets a write, a write, a write
Poetry precedes prose
Back in di days people use to walk
a street any hours a di night
Di only ting dem fraida was duppy
not gun shot
Dem time deh, a man wid earring in him ears
Would be called...aaaammmm...Gees
I FAGOT

"Hey bwoy, yes mam, hey bwoy, yes mam
yuh clean up di dog shiiiiiiittttt?
Yes mam"
Mikey Smith dead and gone
But him lyrics dem still live aan and aan and aan
Poets a write from when di V eena live
stands fe virtue, not vulgar
And it was a big dis to offer
a disc jockey payola
Some a unu just a come
a weh unu did deh when Mis Lou a tek
kin teeth and cover heart bun

In di seventies wi was so militant
Now, it's a fad to be greedy and ignorant
Tings dat Rasta use to bun out
Wi having it with cheese and
icing pon it, so ironic
Our planet is going down like di Titanic
I'm not saying this fa you to panic
but some tings me hear pon radio
Jah know, sometimes I feel fi vomit
Mi nuh understand it
I feel a plan dem plan it

Poets write eena hand middle
Poets write pon leaf
Poets write eena dem head
Is long time Poets a write, a write, a write

POETS FI GET PAY

Ode to the powers that be
I pray for clarity
Hope these words don't stuck in my
throat and cause me to choke
This one's for all the Poets who
died frastrated and broke
A lend ma voice to this
The word soldiers,
the social activist, activist
Even in di rain, Poets a mek hay
So starting from today
Mi sey Poets fi get pay
Poets fi get pay
Between you and me
Right yah now a some money
mi a pree, tiad fi wuk fi free
Hennessy a bus, and mi
can't even drink tea
Politicians and dem boys
kill di mint tree, tree

Das why mi naa stop chant
till di whole a wi happy, naa stop
chant till di whole a wi happy
When mi get di fus big check
I'm gonna send di press
a copy, copy, copy

Lack of money, di root of all evil
Tiad fi beg ride, wi want wi owna vehicle
Change di polarity, wealth ova pavaty
Tiad fi wuk fi charity, Abebe Payne
tell dem fe circulate di green energy
Let us have di digits
Ma tongue is JPS
lighting up your mind
Don't bridge it

So while di clock a tick
Give us di paper or di plastic
Nuh wait till wi eena di casket
Cause although names a mention
Wi pen poems, write books, sing songs
Some a wi play inna band
Artiste nuh get pension
So if unu don't ave di raw cash
Mi wi tek piece a land, tek piece a land
Dan, extort di youths dem mind
We inspire hope

Das why mi naa stop chant
till di whole a wi happy, naa stop
chant til di whole a wi happy
When mi get di fus big check
I'm gonna send di press
a copy, copy, copy

Dem sey good things come
to those who wait
But that's just cliché
Nuff a dem yuh si out there a fake
Dem one waa nyam off di cake
and gi we di bulla

When dem see yuh, dem a bow
like dem is di Buddha
Long time gone, I woulda
mek dem feel a piece a coppa, coppa
Den again, I'm a Dub poet, not a Rappa
Naa go behave like Tupac or Biggie
Nor envy weh Bob lef fi Ziggy
Don't want to be in di shoes
of Conrad Murray

Poems pregnant with
possibilities spit money
A bed di rules so a can abort dem
Giving birth to new ones, nuance
When me talk, dung to di garbage
man understands
Always positive, working
without rest, breathless
Di only time a want to be negative
Is when a tek di HIV test, yes, yes

Das why mi naa stop chant
till di whole a wi happy, naa stop
chant til di whole a wi happy
When mi get di fus big check
I'm gonna send di press
a copy, copy, copy

Money is not mi fren
It's just a means to an end
Ma heart's in this
I'll be chanting even in sickness
Dedicated like a Jehovah Witness
Roger this, Roger this, Roger this.

BAD POET

Di amount a fight mi get
Me coulda be a professional boxer
With di heavy weight title and mi
face on every boxing poster
Anyway never mine
Watch how mi knock out bad
mind in the second round
with some wicked punch lines
A few left hooks mix with some
upper cut rhymes
Mi wi lick yuh wid words weh
sting yuh like a Bee
I'm poetry's Muhammad Ali

Real as DNA
My confidence is so contagious
If yuh disbelief, do a survey
A me give cliché make overs
Mi nuh borrow nothing from nuh body
Mi build mi owna metaphors
Yuh see mi yah, ma similes are
not even simila
to what is popula
Dubbing, dubbing it,
dubbing it hotapela

Right now what yuh getting
Is just the tip of the ice berg
Thoughts deep, not just
some nice verse
Art- thentic
From this lip, loose words nuh slip
The tongue can sink any ship
Don't try to contort these lyrics
Read my lips
I am the lyrical contortionist
I need no ventriloquist
Will never be, no bodies puppet

Mi a bad Poet, bad, bad, bad Poet
Mi a bad Poet, bad, bad, bad Poet

Let me tell yuh a little bout my life
On ma journey there were enemies
Some disguise as family
A carry none of them in my memory
Protected with what was
hidden from the wise
I see the world through a child eyes
My imaginnary friends
keep me occupied
I'm like a light switch
Cut bad energy with just one click
All it takes to flip the flipping script
is one tick

Procrastinnation is a crook
Time is di persecutor
Dis poem shall be di evidence
Graze yuh conscience wid
concepts and contents
Conjure up magic
Change di battle field
Tek badmind an neutralize it
Turn di mess into a message
Bullets into flowers
haters into lovers
Melt di ice off yuh chest
Give back di street di respect
Give back di street di respect
Wi a celebrate life ova death

Mi a bad Poet, bad, bad, bad Poet
Mi a bad Poet, bad, bad, bad Poet

WHEN IT HITS

Imaginnation lift
With the aroma from
the ganga splif
The Melody
The Music
The Magic
Hip moving at it
Hypnotic

Something is in the air
Natural mystic
It nuh matta di age
di time, di place
or yuh race
Up in yuh face
Society's misfit
Challenging cultural hypocrisy

Soul reggae, roots reggae
Intoxicating yuh brain
When it hits yuh feel no pain
Nuh part a yuh nuh bruck
Blood nuh run
Concrete remain, unstain
Jus the kick from the
Bass drum
Nyah bingi one drop
Synchronising with
the heart beat
Body moving non-stop
To the sweet reggae roots rock

A little ska, a little rock steady
Mix with some rhythm and blues
Wi mek yuh dance out a yuh shoes
Keep yuh conscious, not confuse
Soul reggae, roots reggae
Meditation fa di brain
When it hits yuh feel no pain,

Its a unique sound
That hold yuh spell bound
Saxaphone and trumpet
Mix with trambone
What a ting
Di same little dutty
head rasta bwoy
from dung inna di slum
weh unu neva check fa
Coming through the air waves
A give yuh goose bumps
and a mek yuh hair raise
Natty dread messing with
yuh emotions
Petty bouswhazee moving
to the beat subliminnaly

Table turning, as the vinyl
turn pon di turn table
Three little birds singing songs
of melodies pure and true
Soul reggae, roots reggae, kinky reggae
When it hits yuh have to move yuh feet
Dancing to the roots rock reggae beat

The less integrity we have,
the more rules we need.

AMERICA HAVE A COLOUR PROBLEM

A moment silence
For all the victims of racial violence
We empathise with you
Her womb cries blood tears
for a son
Who left home, sey him soon come
Gone too soon
Blur images of Luther's dream
flashes before her eyes
Like a rose without water
It dries up and dies
Left with the whens and the whys
A young black man wearing a
Hoodie, unarmed
Cut down by a racist thug
wearing hate as his uniform

Filled with ice, a mother cries
for nothing more, nothing less
All she wants is an arrest
Zimmer man, simmer man
A man is not just a man
Every black-man is another Trayvon
Every black-man is another Trayvon

Emigrants caught up
in the rat race
Running out of breath
Chasing the American dream
They don't mine being a slave
In the land of the free
home of the brave
It seems they'd rather be in the
Country that's dropping the bomb
Than the country the bomb is
dropping on, Trayvon

Bartered rights
15 minutes of neon lights
America have a colour problem
dem waa see everything white

America have a colour problem
dem waa see everything white

Is long time we a talk it
Hate saturate the market
Black people are the target
Racial profile, slaveries
bastard child
The streets are no safer
The constitution is just a piece of paper
Weh di Native American's blood pay fa
Dem nuh care if yuh worship in Holy
places where the sermon is tight
America have a colour problem
dem waa see everyting white
The system corrup, so dem nuh care
if yuh have the best sugar cane
Or yuh girl friend hot and har bumpa
tun up

Black man if yuh waa change
yuh going have to stand up
on two legs, not three
An erection is not an emergency
Open your eyes
Self educate and organize
Study dem policies, take notes
Yuh cannot go in dem court
with anecdotes
Transcend oppression
with insight
America have a colour problem
Dem waa see everyting white
America have a moral problem
Dem feel a everyting dem do right

SEND DI POEM COME

**Yuh have dis whole heap a words
a suppress inside a yuh
It mighta fly up inna yuh head
and mad yuh to
As di lyrics dem come
Write dem dung
When pain rack yuh soul and
illusions tek ova yuh dreams
Give yuh thoughts permission
to scream**

**Most tings in life come wid a price
Words come to me free
When rules, norms and regulation
A pull mi inna all different direction
Dem act as cushions
Form fence bar out intruders
All tek blows so mi don't
have broke bones**

**Even if the world a fall apart
A feel safe inside mi heart
Jus a cut an go through
Sharp edge rhymes
Lace wid political meaning
Claiming but not explaining
Nuh style, nuh rhythm, nuh discipline
nuh imagery, nuh magic
Raw free spirit
Come to challenge
yuh frozen rhetoric**

**Conservative fi know, dem fi
low it mek it grow
It done a show
Your circumsized vision
cannot damage this one
Charge mi fi lyrical treason
Mi still a guh exercise mi
poetic license**

Desire's on fire
Right yah now, wi need two
more poems fi inspire
So tek da lazy ass poem deh
offa di paper
Mek we chant it like a mantra

Work to be done
send di poem come
Work to be done
send di poem come

Dis a nuh Anglo-Saxon English
Some a dem words yah
Yuh naa go find inna
Oxford or Webster
Words decorated inna
mi native tongue
A come from deep
dung a belly bottom
Work to be done
Send di poem come

A weh it duh, mek unu
lock It up inna book
Cobweb and dust
A feed dem lust
Meanwhile poems
a cohabitate
Di poet a masterbate

work to be done
Send di poem come
Work to be done
Send di poem come

SLANGUAGE

**Remember when wi use to
paint pictures with words
Using wi tongue as the
paint brush
Each stroke was a different
gesture
Every sentence have its
own colour
Nuh full stop, nuh comma
Animated stories use to move wi
Is like yuh watching a movie**

**Now a days tings change
Long story cut short
Dem youths yah nuh talk
or tek talk
As yuh start a conversation
All yuh can hear is
Nuh sey a word!!!
A weh yuh a sey daaady
Yow dawg yuh done know
wi have di ting lack, maaaad
Baby weh just born a tell yuh
dem out and bad
Nuh trust nuh one, not even God**

**Dem nuh have nuh fear
Sicka dan di intensive care
If yuh dis dem, dem mek yuh
disapear
Give yuh a funeral inna
dis yah year
Blood cold, yuh feel a chilll
when dem come near
Nuh heart, just a block a ice
Ha fe eat a food
A yah so nice
A yah so nice**

From parliament to the market
A so dem talk it
Slanging words no target
Head nuh good again
head sick
Unda pants unda arm
Pants pon hip
Swagging right back pon
di slave ship, pon di slave ship

Young girls clueless
Exposing victoria's secrets
Leaving nothing to the
imaginnation
Keeping up with the kardashians
Teen rage gone viral
Spreading like a virus
Twerking, twerking, twerking
like Miley Cirus

Six a one half a dozen a di ada
Social media creating
antisocial behavior
A whole generation raised
by gadgets
Bed time stories of neglect
The smallest a youth home
alone
Left with a smart phone
Nuh baby sitta
Parents a duh road
Yuh ha fe falla dem pon twitta

Right yah now di pressure slap weh
Nuff survive afa weh others
dash weh
Pavaty a happen
The government
need fe do su-uuh
Our little island is swimming
In a sea of debt

With waves of high prices
Stress gone up, way up
The problems deep
and nobody can cross it, cross it
nobody can cross it
The Jamaican dalla is sinking
The dalla can't swim
The dalla is drowning
Call the contracta, we need
di contracta to fix di
Countries debt
A nuh tutty gran debt
A trillian dolla debt
Call di contracta
Wi need di contracta!!!

MOUNTAIN VIEW MY STORY

The code of silence
The secrets
Painful memories
Distorted reality
Bullet holes where
concrete use to be
War heads
Blank faces, hopeless eyes
staring into nowhere
Nursing wounds that don't bleed
Wearing scars like tattoos
Confused
Fingers pointing in all
different directions
Looking for someone to put
the blame on, the blame on
Do you know what it feels like
to hear spent shells from gun shots
dropping on the roof top
like raindrops
Death lurking in the corner
Waiting, waiting to

claim its next victim
The fear, the nightmare

I've seen more dead bodies
than the undertaker
Life's snuffed out
like you burning paper
Hopes and dreams going up
in vapor, vapor

Talents trapped beneath the rubble
Geniuses hiding behind graffiti
walls and zinc fence
Thorns stroking the wheat
I'm just a rose growing out of
these concrete
Riffle Road, Butts Crescent,
Target Street, Practice Street
Trigger Road, the shooting range
Warriors Hill, Mountain View
No names of flowers,
only wreath made from flowers
The symbols, the isms
Designed or destiny
designed or destiny

Do you know what it feels like
To hear spent shells from gun shots
dropping on the roof top
like raindrops
Death lurking in the corner
waiting, waiting to
claim its next victim
The fear, the nightmare

I've seen more dead bodies
than the undertaker
Life snuffed out
like you burning paper
Hopes and dreams going up
In vapor, vapor

**While the analyzers analyze
what they saw on TV
For us this is real
For them it's just another research
Living in their own little world
Throwing stones from houses
made of glass
Eyes blinded by unpicked beams
Hands never touch dirt
Don't know what it feels like
to be hurt
Pet and pampered from the day
they were born
They came here with cushions
underneath their arms
How can they feel our pain
When their success is guaranteed
by their last name**

**Do you know what it feels like
To hear spent shells from gun shots
dropping on the rooftop
like raindrops
Death lurking in the corner
Waiting, waiting to claim
its next victim
The fear, the nightmare**

**I've seen more dead bodies
than the undertaker
Life snuffed out
like you burning paper
Hopes and dreams going up
in vapor, vapor
I have seen friends and families
turned into total strangers
Separated by a border**

POETS

Poets walk
bare feet
On stone with
sharp edge
Leaving drops
of blood
for unborn
truth seekers

EARTH WOMAN

A who she? Earth Woman
Where she from? nuh earth
She have any friends?
Nature child, mama nature

Roots firm inna di grung
Stand up strong like any tree trunk
As the Universe make space fa dis one
What a ting eeh, di Cherry tree a come to maturity
Di Cherry tree a come to maturity

The same one who shared
love with you tenderly last night
Whose hands caresses the most sacred
parts of your being
I am di same woman who will dismantle
institutions of oppression that is set up to
keep my people powerless
These same hands will tear you to threads
if you rape one more of my children

A who she? Earth Woman
Where she from? nuh earth
She have any friends?
Nature child, mama nature

This conviction will deflate
your so call power
I have a passion for justice

And will not accept just this
Will not accept just this
You are destroying my mother's
domain with your pollution
Killing her children slowly,
slowly, slowly
Blood don't lie
Is blood connect I
Is blood connect I

I was there in Angola fighting
side by side with Nzinga
Hachepsut sit with me and write poetry
I was there when Harriat created
the underground railroad
Yaa-Asantuwa held my hands
and gave me her blessings
Martin and Malcom showed
me the path to follow
I place incense and oils at Garvey's feet
Listening to his philosophy, his philosophy
Spent days with Nanny in the hills
Developing skills to counteract your attack
When Kwame Ture was tired of shouting
"BLACK POWER" I sat by his bed side
and read stories until he fell asleep
My Grandma worked
till her back was bend
so I could be here today

A who she? Earth Woman
Where she from? nuh Earth
She have any friends?
Nature child, mama nature

LOOK GOOD

Less work get done
Yet unu still get pay
A new suit every day
Image becomes everything
Even if the people are suffering
We nuh put unu in a parliament
fe just look good

The same problems
Unu see before unu go een
They are still there
If unu care
Unu need fe look good

Day dreaming
Won't give you vision
Open your eyes
Stress is on the rise
The social condition
is on the decline
And it nuh look good

SHARE IT UP

Mirror, mirror on the wall
Who is the slackess of them all
Carnival or dancehall
Carnival or dancehall

Between me and you
Mi nuh si di difference
between di two
It's just cast and class
Versus below Cross Roads
Trust mi a two Jam Down
One fi di black
One fi di brown
Tell Papa Mitchigan seh

Di social barriers still up deh
All now it nuh bruck down

So dats why in these days
No matta what di naysayers says
We can't just give di blame
Alone to di DJ's
For di moral decay
Wi have to share it up
Share up di blame
Wi have to share it up

So help mi share out some fast
Fi di incubators and di sperm downers
Whose only contribution is fancy
names on birth papers
Tek out a big portion deh pudung
Fa those politicians
Who mek a bag a promises
Just to get di vote
When dem cannot fulfil it
Dem try find a scape goat
Ana act like we an dem
inna di same boat, joke!!

Blame di church
Where hypocrites and paedophiles reside
Using religion as a cloak of disguise
to hide dem dutty lives
Caa leave out education
Cause in dis day and age
Wi moving like wi drunk and dumb
Di colonizers curriculum
Intoxicate wi cranium

Share up di blame
Wi have to share it up
Share it up

A nuh nuff left
But mi a beg unu mek
it stretch
So relationship can get some
What I see is, di bedroom
turning into battlefield
Even when di lust dun
Nobody want to leave
All they want to do is come, come, come
Multiple orgasm, only making
Orphans of the future offsprings

Gees! yuh know sey di blame done
And social media nuh get none
Any way scrape out de
pot bottom deh gi Merica
When dem sneeze we catch influenza
A nuh todeh Hollywood a influence
fi wi culture

Dats why in these days
Nuh matta what di naysayers says
We cant just give di blame
Alone to di DJ's
Fa di moral decay
Wi have to share it up
Share up di blame
Wi have to share it up

Some a who a talk
Deep down dem nuh really care
As long as di boogie yaga
stays down there
Is just because dem son who attend
one of those prominent high schools
Come home wid Kartel pon him iPhone
A lip sync to di unedited version
of him lyrics

Di ting dat dem fear
Pass dem door step and is

now in dem living room
Boogie yagga meeting petty bouswhazee
Sticking dem up at pen point
Setting off di panic button

Check this
Suppose all slack Artiste turn Christian
And start sing and DJ pure gospel song
Unu think Jamaica woulda betta, eeh
Suppose dem deport dancehall
Back to where dem sey it come from
Unu think wi woulda feel safa, eeh
Quote mi!
Dem woulda hafi build more
mad house and more dead house
and more penitentiary (Rep)

To censor and silence
Won't stop di violence
so let them analyse to honour
them lies

Wi all know
Its art imitating life
If unu want to see real change
Change the psyche
Put some money into conscious music
Saturate di market
Most Jamaicans love good things
So dem nah guh refuse it

Mirror, mirror on the wall
Who is the slackess of them all
Carnival or dancehall
Carnival or dancehall

When injustice becomes the norm
a revolution is inevitble.

INSPIRATION

A free conscience seeks no one's approval,
it is contented in its own liberation.

GLAD HOW YUH BLESSING MI

As I rise this morning
I give thanks for the sun
that's shining
and the breeze that's blowing

Oh Jah Jah
God, Goddess, Supreme power
Seh a just glad how yuh blessing me
Yes a just glad how yuh blessing me

In this tradition the night comes
not without the day
Joy and sorrow are Siamese twins
To complain is to blaspheme against life
Life is a manifestation of what is within
I'm just a part of this reality trying to be me
Not tyring to fit een

Oh Jah Jah
God, Goddess, Supreme power
Seh a just glad how yuh blessing me
Yes a just glad how yuh blessing me

Many times I experience some dread times
and sometimes I feel like I coulda duh
some wicked things iyah
But when I remember the supreme power
and see how is nuff things I tek fi granted
I jus shout out JAH

Oh Jah Jah
God, Goddess, Supreme power
Seh a just glad how yuh blessing me
Yes a just glad how yuh blessing me

Failure is a blessing in disguise
The more you want
The more you have to give
Live and let live
Everything in creation have its meaning

Things wont change because of what
you are feeling

Oh Jah Jah
God, Goddess, Supreme power
Seh a just glad how yuh blessing me
Yes a just glad how yuh blessing me

PICKNEY POEMS

Born and reborn
Coming out of the old
going into the new
G,U,R,U
You don't need a guru
to find out a who you
A Messiah won't take you higher
Look within, stop apologising
Give the preacher man back him sin
Give the preacher man back him sin
The devil is a man-made invention
Who love him can tek him

Tek everything
Tek di clothes offa mi back
Tek di money
Tek all di contacts
Unu dun tek unu technology
an tek weh wi techniques
But whether by choice or design
My mind is mine
Whether by choice or design
My mind is mine

I free, that's the way I want to be
I need no props to complete me
I and nature is one
I connect to every tree
The river flow through me
Yuh wi pass an mistake mi
fi di grass

A smell like di earth when
water touch it
And when mi thoughts get high
A feel like di mountains

Woman mysticism strong, hard
to understand
Bleeding with the moon
A always know, blood and creativity flow
Ink and paper unite,
on many a full moon nights
Giving birth to some little naked
rebellious pickney poems
Weh come fi plague earth jus
like dem muma
Nuh ave nuh respect fa skin colour
Is blood dem live inna
Yes is blood dem live inna

Tek everything
Tek di clothes offa mi back
Tek di money
Tek all di contacts
Unu done tek unu technology
an tek weh wi techniques
But whether by choice or design
My mind is mine
But whether by choice or design
My mind is mine

Woman mysticism strong, hard
to understand
I don't have to hurt no one
A just leave dem to a full
moon night
When blood and creativity
flow
Ink and paper unite
And more pickney poems born

THANKS

Thanks fe di problems
Thanks fe di mistakes
If it wasn't fa dat a couldn't
separate the real from the fakes
The gap was so wide
Two ends couldn't meet
Nuff times food didn't buy
although it was so cheap
A regular we go to bed and don't eat

Give thanks fe di fruit trees
A dem mek di pot put aan
So mi get closer to the land
Plant some calaloo, a few banana
suckers and a couple hills a yam
A mek a jug a lemonade
when life give mi lemons

My self esteem was so low
A didn't set di bar high
The little dat a get, a just satisfy
When the pressure rise
You could see di pain in ma eyes
The only stress releaser was
to shed a few tears
Believe mi a nuff days mi cry

Never knew I deserve better
Until I was face with rejection
So with no further a do
A just want to say thank you
To the ungrateful man
Is after him leave me realize
Him was just not the right one
Just not the right one

Now I'm free
Doing what mi please
Everything feel different
dung to di breeze
Naa go play nuh hypocrite

From him exit
Mi nuh reminisce
Is like him neva exist
Add him to the list of ex's
All a care about next, is
ma blessings

Yuh know with all the obstacles a face
A never pray fa di burden to get lighter
A pray fa stronger arms and
stronger shoulders
Experience teacheth wisdom
Now am wiser and bolder
A go fa what mi want like
a soldier

Sometimes when a reflect
on di memories of di past
Mi ha fe laugh
Who just a know mi now
Don't even know di half
Everything that happen
A see it as a blessing
The amount a tings a learn
A couldn't pay fa di lessons
No, a couldn't pay fa di lessons
Now Its just stories to be told
to who will listen

GOOD LIFE

If I should leave today or tomorrow
My last words would be
I've had a good life, no regrets
I'm happy I did believe in me
While my neighbors were busy
trying to decipher
Who I prayed to, who I vote for
What I did when I was lonely
Whose arms was it holding me
I was so caught up

with this inner sister
I did the strangest thing
anyone could ever imagined
A went inside, took everything apart
Making connections with the heart
A want to know what make her tick
Where is the magic
When she is not feeling she
Who could she be
Is this sister really me

A live mi life well
As a child
A follow mi own style
Use mi own eyes
Wear mi own size
This one did not compromise
I know I will not be recommended
for no honorary mentions
This sister breaks all conventions
A write mi own script
and direct it
A true yuh nuh know
A star mi own show
Couldn't care less who vex
a prefer tek di path less
travelled than fallow
I'd rather be unpopular
than shallow
Ma greatest wish
Is fa everyone to find
dem own identity
Cause I'm someone
no one else can be
And right yah now
da gal yah happy

P.S. When a mek mi transition
A don't want nuh one cry ova mi
Please don't put nuh lies in mi eulogy
And don't add Saint in front mi name

FI GRANNY

This one is fe granny
and all the elderly folks
who deh yah long, long
May your experience help
to be our guide
And your spirit
motivate our lives
Tanks fe di patience
Tanks fe di courage
Tanks fe di wisdom
Tanks fe yuh determinnation
Granny we learn just by watching
how yuh tek yuh hand tun fashion
Tanks fe di stories,
The bush remedies
and yuh positive energies

Yuh pray morning noon and night
Yuh a di last one to go to bed
And di fus one to rise
before day even light
Granny a wah kinna magic yuh use
to keep the family together
How comes yuh neva go cooking school
and yuh cooking was so sweet
Arrow root porridge sweeten with coconut
milk, corn dumpling wid run dung
and some search mi heart tea
Mi see yuh create miracle wid just
a little
When yuh done everybody belly full
All di neighbor get some
Nuff times mi wanda how yuh do it

Yuh grow wi stern, wid manners,
Bible verse and proverbs
When wi think tings done and forgotten
yuh remind wi, a nuh di fus day leaf
goh a wata bottom it rotten
Wi couldn't gi yuh nuh back chat

Before di word come out a wi mouth
Wi da ha fe swallow back dat
One look or wi dah get
a back hand slap
When wi could a trick grandpa
Wi couldn't ramp wid yuh

Granny yuh did have yuh time
Caa mi memba when me, you,
Pops and Bantutu
Use to sidung pon di rock stone
unda di blackie mango tree
Pon some hot summer days
A eat mango and sugar cane
And yuh a tell wi yuh life story
mix wid fairy tales
Wi use to enjoy wi self

Granny a realy miss yuh
A miss di sham shuku,
di roast corn and di blue draws
Mi memba di petato pudding
Hell a top, hell a bottom,
halleluiah inna di middle
Yuh teach mi nuff tings, how fi knead
flour and peel green banana
Yuh sey belch off di gas
wid little a di pot wata
Yuh teach wi bout nature
and weh di bush dem inna di
yard good fa
Mi neva see yuh gouh a docta
Granny wi hanna yuh
respect due

SIMPLE THINGS

If you set the stars
as your goal
You will grow
frustrated and cold
Reach for the rose
in front your eyes
Slow down, enjoy
the beauty of life
Simple things are
filled with surprise
Look to nature
for the keys
Imitate the trees

COUNTRY SIDE

A big smile on ma face
Feelings caa hide
Pack a bag, jump eena mi ride
Smile at mi reflection
in the rear view mirrow
Left the city gone a country side
With Jah as mi guide
Body energise
Filled mi lungs with a sip
a clean air as mi rise
Use the dew from the
leaves wash mi eyes
A river dip, lift mi
meditation well high
The food in the soil nuh fertilize
From the farm to the
kitchen to the plate
Nothing contaminnate
fresh and clean
Ites, gold and green
Natural water coming
from the stream
nuh chlorine

**Pause every now and
then to indulge mi senses
The simple things of life
are not expensive
Take a hike to the mountains
Climb a tree
Tonight its just me
and the moon light
No electricity
Living in this moment
embracing my self worth
In tune with the rhythm of nature
celebrating the beauty
of Mother Earth**

THE POETS CAN INSPIRE THE CHANGE

**Holding our breath
Waiting to see
What tomorrow will be
Moral degeneration
Global catastrophes
No job, no income
How can the hopeless
finds hope when the future
only looks bright for some
Sexual commerce
have the place weak
Most of the warriors
turn pimps and freaks
Little girls innocence
taken too soon, too soon
Little boys with hope
in their eyes
We losing them fast to
prisons, drugs and drive bys
The silence is so loud
It's deafening our conscience**

**No world, no people
no people, no world**

I can feel the change
Change must come
The Poets can inspire
the change

From the lamas of Tibet
To the mystics of Egypt
Everyone's searching
for the elixer to life's magic
Clarity of mind
Connection to spirit
So close to the goal
Yet still far from it
As the pendulum swings
A revolution is in the making
A revolution without bombs
A revolution without bullets
Words will transform thoughts
Thoughts will stimulate feelings
Freeing the devine feminine
Merging the intellect
with the intuitive
Breaking locks off
cultural prisons
Voices chanting in unison
Spiritual communication
flowing cosmically

No world, no people
No people, no world
Change must come
I can feel the change
The poets can
inspire the change

Listen! there is a message
coded in the wind
A glimmer of hope
A bright fulfilling essence
glowing in the darkness
Wake up, wake up

Open your eyes
From the ashes
of a dead fire
the phoenix will rise

AGE IS JUST A NUMBER

All you seem to be
talking about lately
Is aches and pain
all over your body
The mind reflecting
the message it's getting
Now you fretting, you
fretting, you fretting
So what! if your birth
certificate a show that
Age is just a number
No need to retire
Fight the desire
Radiant youth comes
from a peaceful heart
Happiness depends on
the quality of your thoughts
You get wiser, as you grow older
Beauty lies in the eyes of its beholder
Get out of the bed
Take the calculator out of
your head
Do the things you long to do
in the best way
Live today as if it's your last day
Life is brief
Exercise, meditate, read
Enjoy the breeze
Spend time with the trees
Watch your diet
You are not ready to die yet
Put away the rocking chair
Take a dance class
Confront your fears

Change up your style
Wear something nice and
bright, smile!
Fill the days with laughter
Fresh flowers, scented candles
and good music
Sip a glass of wine
underneath the moon light
Happiness is a choice
Enjoy your life
Wrinkles and gray hair
are a part of the process
Creative passion is ageless
Don't panic
Life's a continuous journey
Each moment has the potential
for magic

PUSH THE DREAM

Put your differences aside
Let the resentment slide
We can accomplish more
when we work as a team
Push the dream
Push the dream

Here today, gone tomorrow
Step out of the darkness
Let your light shine
Take a page out of the
book of Mandela
Forgiveness heals the soul
Study Mandela
Before you do something stupid
Remember Mandela
The man work lives on
Although the man nuh deh yah
Let us work as a team
Push the dream, push the dream

We share the streets
It's the same air we breathe
We eat, we excrete
Regardless of who we are
or what we have achieve
it's the same blood we bleed
Our hearts are connected to
the same life stream

Put your differences aside
Let the resentment slide
We can accomplish more
when we work as a team
Push the dream
Push the dream

On this journey
We are all trying to reach
the same destinnation
Stop pointing fingers
Lets hold hands
There is more that
connects us
Than what separates us
Life is a song
We are all part of
the chorus
Our voices get stronger
When we raise them together

Put your differences aside
Let the resentment slide
We can accomplish more
when we work as a team
Push the dream
Push the dream

BE YOU

**Dem give yuh a costume
Dat is not your size
and yuh punish yuh self
to fit into it
Tell yuh who yuh be
Interpret weh yuh see
What to think, what to eat
What to drink
How to walk, how to talk
How to fix your hair
What to wear
Yuh too slim, yuh too fat
Yuh too white, yuh too black
Yuh too tall, yuh too short
Yuh too salt, yuh need a bath
When dem dun wid yuh
Yuh is any professional idiot
Nyam everything yuh see
Cause yuh hate yuh body
Depression, no motivation,
no self esteem
Yuh reality get crushed
caa manifest yuh dreams
Self doubt stan up inna yuh way
like a any Iron bar
Yuh desires, yuh compassion,
yuh consciousness
And inferiority complex is at war
one piece a war
Dem tun and twist yuh
Fold and wrap yuh
Den seal and stamp yuh
as a mad rass woman
If yuh tek dem shock
Yuh nuh gat nuh come a come back
Look here nuh!
If yuh life is not fulfilling
and yuh feel like yuh not
doing di right ting
Elevate yuh self with**

some word magic
Tell yuh self yuh loveable
Yuh worth while
One of humanities child
Look how yuh nice
Look how yuh sweet
Give yourself a treat
Its all in the mind
Change your thought pattern
Treat yourself kind
a goin rewind

ALL OVER AGAIN

You can get lost
or end up lonely
In a world
that choses profit
over community
We need to touch,
to feel, to share
the simple human contact
that keeps hope alive
and ground us into the real
It's hard to strive, to survive
through a machine
Social distance makes
loneliness an epidemic
We are hiding behind the façade
of our so called independence
Denying the desires
of our existence
We have all been lied to
manipulated and
criticize behind our backs
We have had our hearts broken
egos crushed, dreams shattered
and yes we can bounce back
And start all over again

NAA KILL MI SELF

**Life have its ups and down
what goes around
come back around
No situation is set
On life, don't place nuh bet
Before yuh give yuh all
Remember self love
Is the greatest satisfaction
Put divine guidance in front
And enter with caution**

**If the time get ruffa
A want unu utta
naa kill mi self
mi naa kill mi self
Caa find food
naa kill mi self
Nuh have nuh where to live
naa kill mi self
Pregnant and caa
afford a next pickney
naa kill mi self
Owe a million dolla
naa kill mi self
Caa find di school fee
naa kill mi self
Bank a go teck weh di house
naa Kill mi self
Caa pay mi studio fee
naa kill mi self
Lover gone, mi wossa
naa kill mi self
Find out sey
mi H.I.V. positive
naa kill mi self
mi naa kill mi self**

**Today is today
Tomorrow will be bran new
Jah knows more than you**

Misfortune builds character
Humility comes with understanding
Approach life with determinnation
Your greatest enemy is fear
Wherever you want to go
Love will take you there
Yes right there
So come what may
Mi naa kill mi self
naa kill mi self
naa kill mi self

LISTEN WELL

Listen well
Observe keenly
Trust your own thoughts
Follow your own voice
Write your own story
Keep the creative fire
burning
Let the embers of passion
blaze inside your heart
This moment is all we have
Live it with sincerity

TRIBUTE IN POETRY TO A LOVE ONE

The suddenness of a love one's
departure, still causes
the strongest heart to ache
leaving a dull feeling
Food devoid of taste
and days strip of beauty
No matter who you are
or what you believe
We all grieve
We are never emotionally prepared

There is always the possibility
that there is plenty of time

So we waste a lot of time procrastinnating
Waiting on the right time to visit,
the right time to call
The right time to say the words
I LOVE YOU

While time slowly slips away, silently
Without us realizing tomorrow
was never promise
Never for us to decide
what it will bring
The only time we are
guarantee is now

Sickness and death
reminds us everyday
That life is a gift to cherish,
to live passionately
Putting your god given
talent into practice, positively
Time wasted is time that will
never be recovered
This moment is all we have
Live it with grace and sincerity

You came, made your
contribution and leave
Your legacy lives on in all
whose lives you have touched
Family and friends will find
comfort in memories shared
May your soul rest in peace
eternally

WAY HOME

Take the fear from the dark
Take the moon, take the stars
Leave me alone with my thoughts
Love is the only light I need
to find my way back home to me

When we are comfortable with who we are,
we allow others to be themselves..

I AM

I am love reflecting light
I am the falling rain that
quench natures appitite
The sound of the wind,
soft, sweet and subtle
Soothes my soul
I'm like the mighty oak
Roots firm into the ground
Branches nurtured by the sun
I was here before time
I am the starry sky at nights
The blank pages on which
the Poet's write
My breath give words life
Spoken, they are
extensions of little hugs
Keep them close to your heart
They are precious moments caught
and held in timeless memory

When you don't give people space to act on their own truth,
you set yourself up for deception.

LIFE

Life is not always
black and white
Its fifty shades
of gray with a little
purple in between
The grass on
the other side
is sometimes brown
Not always green

BIRTH

Pen poised
above paper
Ready to
ejaculate
Words carefully
crafted into
flowing cursive
Displaying emotions
no computer font
can generate
Poets poeming
giving birth
to poem therapy
A free conscience have
no need for the clergy

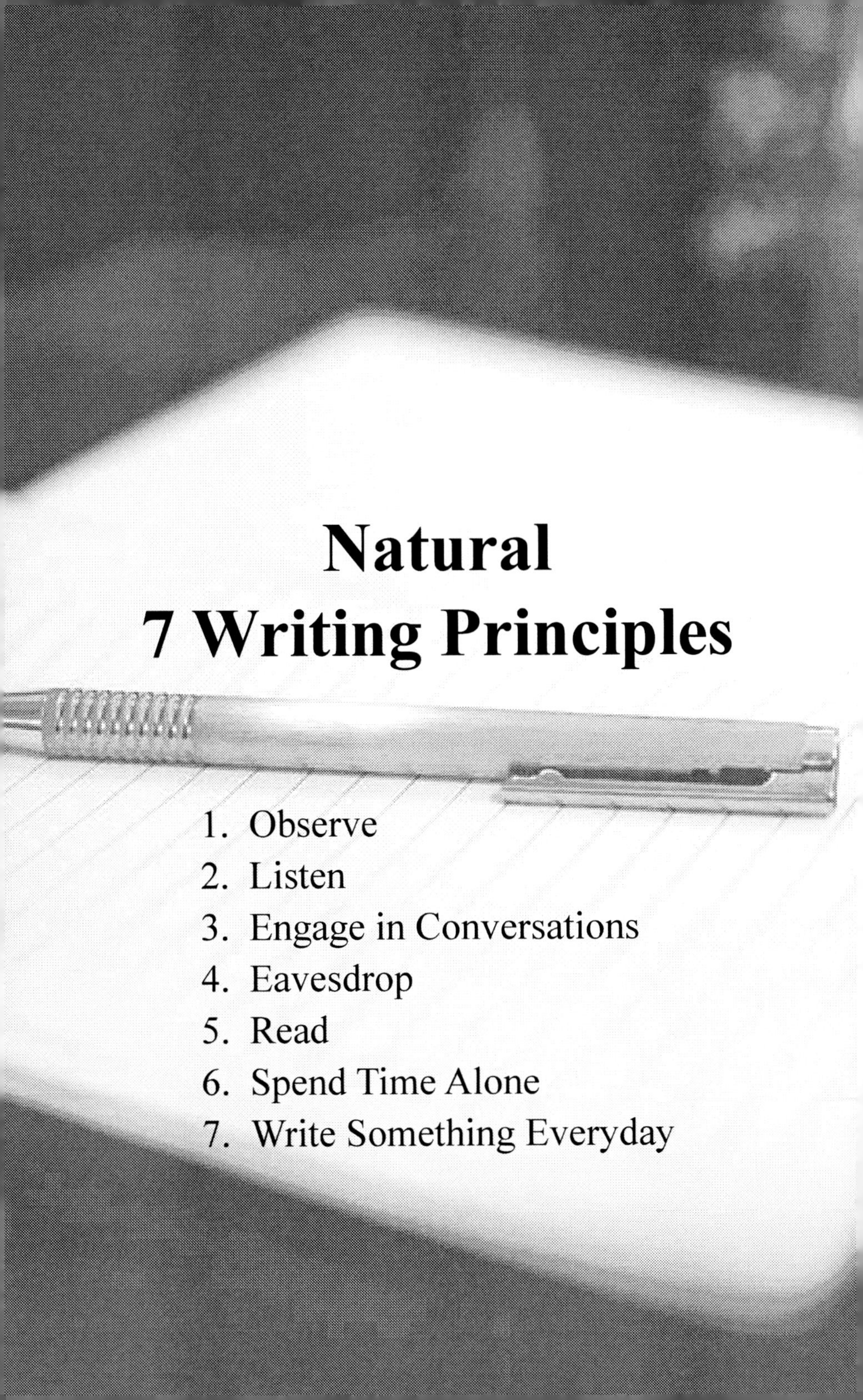

Natural
7 Writing Principles

1. Observe
2. Listen
3. Engage in Conversations
4. Eavesdrop
5. Read
6. Spend Time Alone
7. Write Something Everyday

CHERRY NATURAL

Cherry Natural, Jamaica's leading female performance poet, writer, martial arts instructor and motivational speaker was inspired by Miss Louis Bennett and Bob Marley.

Her body of work which symbolizes her commitment to writing, not only about personal struggles to achieve social and economic equality but also provides an insight into the soul of a female 'warrior' determined to walk the arduous path of seeking knowledge and truth.

She has two other books entitled *'Come Mek We Reason'* **and** *'Earth Woman'*. **She also has a CD by the same name. Her recent album is called** *'Intellectual Bad Gal'*.

Her collection of works has been used as the basis for a PhD thesis done by Professor John Gulaska at the Indiana University.

She has travelled to various universities, colleges and prisons in the United States, Canada, the UK and the Caribbean using her poetry as a medium for motivation.

She has also represented Jamaica at various festivals and is the recipient of numerous awards.

Cherry Natural is a martial arts instructor who specializes in self-defense for women and children. Her hobbies includes gardening, studying astrology, spirituality and philosophy.